Speichenfaller

MARIA KATHARINA MÖHRLE
Verwaltungsfachkraft
Dipl. Sozialpädagogin FH
Theologiestudien
Zusatzstudium Erw. Pädagogik
Sozial- und Bildungsarbeit

MARIA KATHARINA MÖHRLE

Speichenfaller

Bibliografische Information der Deutschen Nationalbibliothek:
Die Deutsche Nationalbibliothek verzeichnet diese Publikation in der
Deutschen Nationalbibliografie. Detaillierte bibliografische Daten sind
im Internet über http://dnb.dnb.de abrufbar.

1. Auflage 2015

Maria Katharina Möhrle
86971 Peiting

Covergestaltung und Satz: Jürgen Müller, LayArt

Herstellung und Verlag: BoD – Books on Demand, Norderstedt
ISBN: 978-3-7392-1803-8

Teil 1

*Durch Kürzungen und Sozialabbau entstehen neue
Verlierergruppen und Folgekosten.*

*Die professionelle Sozialarbeit hat sich als
Sozialtechnik (Symptomtherapie) etabliert und
dient der Habengesellschaft als Reparaturdienst mit
Helfershelferfunktion.*

*Ganzheitliche Hilfe ist Aufklärungsdienst an der
Gesellschaft über die Ursachen der Entstehung von
Problemgruppen, über Zusammenhänge
und über Möglichkeiten der Bekämpfung.*

*Christen versagen als Gegenkraft zur
Habengesellschaft somit als wichtige Friedenskraft
und als Helfer der Betroffenen.*

Der Helfer ist die Hilfe

Sören Kierkegaard

Sozialtechnologie

hat ihren Platz in der Gesellschaft
eingenommen

Wissenschaftlich gründlich
mit viel Methode und wenig Hilfe
werden Symptome therapiert

Unrecht und Ursachen zu verändern
ist nicht Ziel der Sozialtechnologie

Hilfe die hilft
kommt von der Sozialtheologie
doch sie hat in der Gesellschaft keinen
Platz
ihre Disziplin kennt keine Universität

Gesprächstechnik
das a und o der Hilfe?

Technik die verschleiert
Macht und Ohnmacht
der Helfer

Technische Gespräche sollen helfen
ohne zu helfen
leere Gesprächskultur soll heilen
ohne zu glauben an das Selbst

„family life"

Die Wahrheit über „family life"
wohlbekannt und wohlgemieden
weil nicht sein kann,
was nicht sein darf.

Das Trauerspiel der Generationen
erforscht und erwiesen
verdrängt und verschwiegen
weil nicht sein kann,
was nicht sein darf.

Die Helfer von „family life"
sitzen auf ihren Sesseln
wohlbestallt und wohlbetucht
bis zur Lösung
des „do it yourself".

Die Helfer von „family life"
professionell genannt
wissen alles über Ursachen und Verursacher
und verhindern nicht „family life".

Vielleicht morgen
wird Hilfe sein was sie sein kann
für „family life"

ismen ade

Sozialismus am Ende
Kapitalismus, o weh!
Denker und Philosophen
tatenlos

Kein Gras ist gewachsen
gegen Großmacht und Profit
die Not der Schwachen
fällt nicht ins Gewicht

Kein Altväterglaube
macht Kaltes wieder warm
kein Klima zum Gedeihen
chancengleicher Fakten
erwärmt nur zum Verderb

Wissenschaft

Die Wissenschaft hat uns beschert
Erkenntnisse, Fakten, Methoden
unbegrenzt,
alles auf dem Tisch
der Kosmos, die Seele, das Spiel der
Gesellschaft

doch wem sie dient
und wer sich bedient
wes' Lied sie singt
ob ihr Rückgrat sich beugt
vor Geld und Macht
ob zum Wissen ein Gewissen sich gesellt?

Armut für die Armen
Reichtum doppelt für die Reichen

Ein Schattendasein für
die Randgruppen der Gesellschaft
die Gewinner auf der Sonnenseite
nicht bereit, ihr Glück zu teilen.

Das System aller Systeme
zeigt sein Gesicht
es bröckelt
die glanzvolle Fassade

Die Wirtschaft rüstet auf
global
der Wohlstandskitt versagt
auf der Strecke bleibt
der Mensch

Noch regieren Mann und Geld
innen und außen toben Rosenkriege
Frauen tragen doppelt Last
recht hat wer Geld hat
Zärtlichkeit zählt nicht
wo die Börse regiert

Giftmischer ganz oben
vergiftet wird das soziale Klima
der Arme wird zum Paria
der Arbeitslose wird doppelt bestraft

Reich gedeckte Tische
für die Reichen
Spießrutenlaufen für die,
welche am Existenzminimum
leben müssen

Wirtschaft und Politik
stellen neue Weichen
wer schwach ist
ist selbst schuld
Starksein ist in
moralisch wertvoll ist der Profit
gebildet unmenschlich ist in

Vorbei?

Zwischen Arbeitgeber und
Arbeitnehmer schwindet die Solidarität

Arbeitsbesitzer und Arbeitslose,
neue Feinde?

Feindbild geht auf
Rechnung der Millionäre geht auf

Not wird verwaltet
Symptome werden therapiert
ohne Ursachenanalyse
ohne Unrechtsanalyse

Not ist notwendiges Alibi
für selbstlose Nächstenliebe

Notwendende Selbstliebe
kein Thema

Dienste funktionieren
mit System für das System

Null Bock Generation
hineingeboren in die kalte Kapitalgesellschaft
verführt zu Wohlstand, Karriere, Konsum

Junge Generation
hat null Bock
auf sinnlose Kapitalfreuden
sucht Sinn und Glück
jenseits von Börsenspektakel
und Falschmünzerei

Karriere

Frauen bekleiden Ehrenämter
solche die nichts wert sind
in den Augen der Männer

Frauendienste,
unbezahlbar, unverzichtbar,
ohne Lohn und ohne Ehre
Mann macht Karriere

Frauen dienen umsonst
der Familie dem Staat und der Kirche
Gotteslohn ist Lohn und Trost

verdienstvoll sind Männerdienste

Mann musst du sein
jung musst du sein
dynamisch musst du sein
und die Arbeitswelt ist dein

Deine Frau
zärtlich und adrett
managt alles
Hemden, Haushalt, Kind und Kegel
und deine verletzten Wohlgefühle

Für dich ganz klar
Erfolg, Ertrag, Erfüllung

Für sie ganz klar
zuerst die Pflichterfüllung

Los arbeitslos
Leiden für Millionen
die doppelt arbeiten
leiden verkehrt

Geteilte Arbeit
geteilte Chancen
doppelt
Freizeit Familienzeit
Gemeinschaftszeit
Denkzeit

Leiden wird gemacht
Unrecht geht in Produktion
Marketing ist in

Elend schlägt zurück
Waffen und Gewalt
schließen den Kreis

Schreibtischtäter

Schreibtischtäter
bevölkern seelenruhig
die Amtsstuben

Schreibtischtäter
leben ungefährlich
auf freiem Fuß
weit vom Schuß
unerreichbar
für Tränen der Opfer

Schreibtischopfer
kennen ihre
...........täter

Unternehmer

Sie koppeln sich ab
den Rucksack voller Kapital

Unternehmerfreiheit ist
Arbeitslosenlos

Altbewährte Muster greifen
schuldig fühlen sich die Opfer

Professionelle Überheblichkeit
verkauft wertvolles Wissen der Tiefe
an Kapitalkräftige Therapiesüchtige

Professionelle als Anbieter
regenerativer Kraftquellen

Von professioneller Redlichkeit keine Rede
keine Rede stellt den politischen
Leidensmacher zur Rede
mit keiner Rede
wird das strukturelle Elend der Familie
als Ursache aufgedeckt und
strukturell organisiert, verhindert

Soziales Recht und Unrecht
sind nicht der Rede wert
für professionelle Anbieter
auf dem Psychomarkt

Weit und breit kein Notausgang
Politik ist machtlos
die Machtübernahme
durch Finanz und Kapital
lautlos akzeptiert

Das Unheil zieht Kreise
Zuwachsraten für die Großen
Teufelskreise für die Kleinen
Lebenswege ohne Auswege

Psychohelfer, Heilsapostel
schießen geschäftstüchtig
aus dem Boden

Kirche hat ausgedient
billig ist billiger Trost
leer ist Lehre ohne Lust und Liebe
unglaubwürdig Glaube ohne Gerechtigkeit

kein Notausgang in dieser Zeit

Gedankensprünge
unzufälliger Tatsachen

Unrecht
freiwillig und mutwillig gemacht
nicht zufällig
nicht vom Himmel gefallen
die demokratisch entsorgte Solidarität

Unrechtmacher
sind unauffällig

auffallend System und Struktur
untrügliche unzufällige Tatsachen

wenn

wenn das Unrecht recht bekommt
wenn die Börse regiert
wenn Wahrheit auf der Strecke bleibt
wenn Religionen verkommen
wenn Tatsachen keine Tatsachen sind
wenn Reichtum gut und gerecht ist
wenn Probleme nur therapiert nicht mehr
zum Problem aller werden
verkommen die moralischen Werte
für die es sich zu kämpfen lohnt

Alle Gunst und Vergünstigung
den Reichen
alle Last dem kleinen Mann
alle Schuld dem Schwachen
alles Schmarotzer
und arbeitsscheue Nutznießer

Der große Mann gewinnt Millionen
reingewaschen
vom Volk der Dichter und Denker

Stumme stützen das System
friedlich sind
die Handlanger der Mächtigen
soziales Aspirin
für die gezielte Schmerzbekämpfung

keine Besserungsversuche

Gewinner

Im System der Gewinner
wird nach Leistung gemessen und gesiebt
sie sagen
Versager sind Verweigerer

Im System der Gewinner
wird Baby kindgerecht getrimmt
mit Ellenbogen anerzogen
den Rest besorgt die Konkurrenz

Alles für die Gewinner
Arbeit Wert und Selbstwert
und die Wertschöpfung

Fortschritt?

Computer ersetzen
Mensch und Menschlichkeit
Computer funktionieren
ohne Gefühle und Gespräche
an Familienorten und Arbeitsplätzen
Scheue Menschen stehen
mit gemischten Gefühlen
aus Ohnmacht und Wut
auf Plätzen ohne Arbeit

Unmenschen heißen scheue
Menschen ohne Arbeit
Arbeitsscheue

1. Mai

Gefeuerte feiern den Tag der Arbeitslosen

Doppelverdiener besitzen
doppelt Arbeit und Wohlstand

Mossende Kollegen
treten in die Pedale

In den Etagen sitzen
die Prediger der Konkurrenz

Solidarität funktionales Reizwort
und halbe halbe Prüfstand

Soziales

Soziale Errungenschaften
werden mit vereinten Kräften
über Bord geworfen
Unrecht wird mehrheitsfähig und
salonfähig

Mit demokratischen Kräften
wird Armut neu gemacht

Generationen

Die Schweiß- und Fleißgeneration
legt sich nieder
wie ihre Väter

Ihre Erben
treten in die Fußstapfen
der wirtschaftswunderlichen
Haus- und Grundbesitzergeneration

Reichtum aus Schweiß und Fleiß
regnet auf die Kinder des Reichtums

Trend Privatschule

Privatschulen
klösterliche und andere
geben dem Nachwuchs
den ganz besonderen
messerscharfen Schliff.

Bessere Bildung,
härtere Ellbogen
die Kapitalinvestition
zum Machterhalt
fürs Kapital.

Eliteschulen boomen
verflogen Chancengleichheitsträume

Der Arme ist der Dumme
Eliteschulen boomen

Leitkultur macht hoch und weit
Tür und Tor
für deutsches Wesen
ungenesen
ungenießbar

Helfershelfer

Ausgeschert
sind Habende und Habenichtse
Kosten und Nutzen

Spitzenverdiener und Straßenkinder
glückliche Unternehmer und
Gestempelte ohne Arb eit

Scheren klaffen auseinander
religiöse Hardliner und
religiöse Schwarmgeister
keine Mitte zum verweilen

Mittendrinn
sitzen Papst und Klerus
ohne ihre Mitte
ohne Lust und Liebe

Dicht gefolgt im Profiglanz
die neuen Helfer Helfershelfer
Taktiker und Techniker
vollkommen wie Schauspieler
selbstverliebt und selbstversponnen
die etablierte flächendeckende
Feuerwehrflickschusterei

praktisch praktikabel
zur allgegenwärtigen
Tatsachenvernichtung

eine Schere ohne Ende
Scherbenhaufen haufenweise
symptomatisch
die verspielte Krisenchance

Banken zeigen stolz zum Himmel
als Wahrzeichen unserer Zeit

Bankhäuser kirchturmhoch
sind die Religion unserer Zeit

Daumen und Gesicht erfasst
Gedanken glasklar und gespeichert
gefangen im Netz der Herrschenden
festgenagelt die Töne deines Herzens
links oder rechts

Demokratisch versteinert

Stete Hetze tropft und tropft
ins Herz der Demokraten
unheilig ist der Zweck:
das versteinerte Herz

Jenseits von gut und böse
stehen die heiligen Versager

Die Verursacher
fürchten die Demo
wie der Dämon das Weihwasser

Stetig und zart ist die Gewalt
in der Demokratie

gestern und heute

blau und rau
weht der Wind
im Nachbarland
zielführend ist die Demokratie
siegreich ist die Rezeptur:

Ängste schüren
Konflikte vom Zaun brechen
niedere Instinkte stärken und nutzen
Schleusen öffnen
für Bürgeregoismus
gegen Randgruppen

Deutschland
kein Wintermärchen

deine Landschaften, Kirchen und Schlösser
deine Hoffnungen
dein Nationalstolz
einmal durch zackige Stiefel
und braune Hemden vernichtet
deine Menschen aus Schutt
und Asche auferstanden

nie wieder Krieg auf deutschem Boden
deutsche Waffen töten nur fremde Völker

kein Klerus
kein Sozialismus
nicht Geist noch Wissenschaft
keine Macht hat Macht
über das deutsche Herz
Wohlstand allein ist dein Glück
Wohlstand über alles

wer denkt an Deutschland in der Nacht
ist wieder um den Schlaf gebracht

Ein Politiker träumt die
Bürgergesellschaft
besser geboren = besser gestellt

ohne Ellbogen geboren
sind die Außenseiter
den selbstlosen Helfern
ans Herz gelegt

kühl einkalkulierte Abfallprodukte
der Bürgergesellschaft

Ein Politiker der rechten Stunde
kocht sein Süppchen
neu und simpel

seine Lösung dieser Stunde
kostenlos zum Kosten sparen
Druck machen dem Drückeberger

solche simplen rechten Töne
sind Musik in rechten Ohren

Alltäglich anzutreffen
brisant gemischt und kirchentreu
Antisemitismus und Rassismus
alt und unausrottbar das Motiv

Albtraum

leben in Deutschland
leben mit Menschen ohne Herz und Hirn
die glauben,
dass mutige Schnitte ins Netz
die Lösung für ihresgleichen sind

leben im Land der Klassen-
und Religionskonflikte

leben mit einer Kirche
die schweigt und segnet
Mensch und Unmensch
als die Lösung ihresgleichen

Der Merkel-Wurf
für Deutschland

Wohlstand sichern für

die Wohlhabenden

Vermögen vermehren

Macht besitzen

Egoismus pflegen

Arbeitslose bestrafen

Alte, Kranke abkassieren

Sicherheit vortäuschen

„rot ist Schrott von gestern"

Agenda 2010

Abweichler ins Abseits
die Lasten für die Lastenträger
Erkämpftes und Ertrotztes
Gerechtes und Humanes
erledigt und entsorgt

Oben angekommen
durch Volkes Wahl und Stimme
im deutschen Bundestag
führen sie das Volk den „rechten" Weg

privilegiert
plündern sie
mit Herzenslust
das Volk

Der Weg ins Abseits
ist unauffällig und gepflastert
mit Rat und Tat
und therapeutischem know how

Abgeseilt

Sozialwissenschaft zu Sozialtechnik
Kultur zu Operette
Politik zu Geld und Macht

Einen Therapeuten
braucht der Mensch
wenn Worte Waffen werden
im trauten Heim

Viele Berater braucht der Staat
um täuschend echt das Volk
zu täuschen

Viele Berater machens möglich
Wohlstand und Notstand
fürs deutsche Volk

der Name ist Agenda

Krimis boomen
Mord und Totschlag
für die kranke Spaßgesellschaft

Geiz ist geil
und reich ist rechtens
eure Väter
Kirchenväter
sind die Täter

Wahl

Siegreich wählen sie
für sich und die ihren
Wohlstand, Arbeit, Sicherheit
Kapital, Eigennutz
und Ellenbogenfreiheit

und sie beten
zu ihrem Gott
dem Gott der Christenmenschen

dicht daneben leben
Kinder ohne Chancen
mit Eltern ohne Arbeit
Erniedrigte millionenfach

Mit Vernunft und Machtgespür
geschmiedet ist das Eheglück

Rot und schwarz
unvereinbar unverträglich
die Gemeinsamkeit der Rechtsgesinnten

Kühl pragmatisch
die Retterin fürs Kapital

Sie beschließen
wohin die Milliarden fließen
sie verteilen die Lasten
zum Wohl und zum Wehe

Liebe und Solidarität
die alleinigen Friedensstifter
nicht mehrheitsfähig
nicht regierungsfähig

Auschwitz

Ort des Unsagbaren

Ort der Erniedrigung
und deutschem Rassismus

Mordbefehle in der Sprache
von Goethe und Schiller
gegeben und befolgt
im christlichen Land

Der Einsame

Zum 70. Todestag von Elser Georg am 9.4.2015

Vergessen vom deutschen Volk
sein Weg
seine Tat
sein Tod

Einsam nach vielen Jahren Nazihaft
gestorben in unser aller Namen

Sein Verbrechen einsam geplant:
Die Bombe soll beenden
des Führers Macht und Mordgelüst
zur Rettung von Millionen

Wellness

Die Marktlücke:
Wellness im Kloster

Spiritualität entspannt
ungeheuer ist die Toleranz
konfliktlos leben
politiklos genießen
mit Wellness im Kloster
mit Spiritualität kostenlos

Der neue Krieg

Es ist der Kampf um Macht und Markt
wenige besitzen die Güter der Welt

Der Mensch ist Kostenfaktor ohne Wert
beliebig benutzt
beliebig entsorgt

Es ist die Zerstörung der Solidarität
und es ist das erneute Versagen
der männlichen Religionen

Die Klugen?
Die Besten?

Sie sind willkommen im christlichen Land

Die Armen, die Schwachen
die Hartz IV-Bedürftigen
die als Sozialschmarotzer Verachteten
sind unerwünscht im christlichen Land

GroKo

Zur Mitte strebt die SPD
die Mitte ist Programm und Ziel
vermeintlich liegen Wählergunst und
Machtkalkül
mehr rechts als links

Verpönt sind linke
Gedanken und Programme

Verpönt ist
Gerechtigkeit

Sozialdemokrat?

Einst zum Superminister gekürt
um mit tiefgreifenden „Reformen“
das Schiff der Sozialdemokratie
in die Arme der Wirtschaft zu lenken
nennt er Menschen:
Sozialschädlinge
Schmarotzer
Kriminelle
Parasiten

Das Volk am rechten Auge blind
glaubt dieser Botschaft allzu gerne

Kein Unrechtsbewusstsein des Topministers
zum planmäßigen Abbau von Arbeitsplätzen
und zur Zerstörung der Solidarität

Kein Wort zum Markt ohne Moral

Epochen trennen
laiszefair und autoritär
unheilig alles

Frühes drückt unlöschbar
in Tiefes
schicksalhaft alles

Kinder haben keine Wahl

Verkommen ist das Weihnachtsfest
zur Zipfelmützengaudi
versunken ist die Engelsbotschaft
im Lichtermeer der Stromwirtschaft

Vergangen eines Kanzlers
Ruhm und Macht
sein Herz und Heil im anderswo
mit Geist und Sitz
im Reich der Unternehmerschaft

Der Mensch
derweil er Wurzeln hat
lebt sicher eingebettet
im Schutz des hergebrachten Alten

Denkwürdig Zweifelhaftes
lässt ihn kalt
er wähnt sich sicher
in alten Räumen und Gedanken

Verhasst sind ihm
die Neues denken
die fragen nach dem Sinn und Wesen
und nach der andern Wirklichkeit

Ein Mensch der denkt
und Menschliches für christlich hält
Gerechtes gar als Herz und Kern
des Christenmenschen muß erkennen

Der Mensch erkennt
nach Jahr und Tag
dass Herz und Kern des Christenmenschen
dem Wohlstand gänzlich hingegeben
als Diener schwarzer Politik

Kulturschande und Politskandal
sind Tafeln und
Suppenküchen im Land

Hartz IV-Empfänger
werden wie Bettler
Kinder wie Bittsteller
ohne Würde abgespeist
im Land der Millionäre

Almosen machen Armut
unsichtbar und akzeptabel

Helfer mit Herz werden zu
Helfeshelfern einer neoliberalen
Politik

Habenichtse

Es sitzen und halten Gericht
die Habenden über die Habenichtse
die Habenichtse haben zuviel

Sie säen das Vorurteil
in Herzen und Hirne
der Wohlstandsverwöhnten
die Habenichtse haben zuviel

Nicht Frieden machen
nicht ja und Amen sagen
zur Normalität des Vorteils
und des Profits

Nicht Frieden machen
mit denen
die sorgen nur für ihresgleichen
die ausruhen und glauben
Gott und die Welt für sich zu pachten

Armes Deutschland

Dein Glück ist nur
stolz auf deutsch zu sein
und hängt am Fahnenstrang

Armselig ist dein Traum vom Glück
weil Geburt Nation
zufällig zugefallen
verdienstlos ist

Fahnen wehen, Flagge zeigen
stolz auf deutsch
ist die neue Lust zu leben

Sorglos sind die Alten

Flagge zeigt der Präsident
„Deutschland kehrt zur Normalität zurück"

Sorglos ist der Präsident

Auf Rattenwegen pilgerten einst
die Eichmanns Deutschlands
in die Freiheit

Geblieben sind im Adenauer-Land
Eichmanns Geist und Eichmanns Erben

(61% der Deutschen wollen den Schlussstrich)

Teil 2

Es geht um die ganze Wirklichkeit.

*Eine sozial-theologische Betrachtungsweise macht das
Thema Heil und Hilfe zum Problem aller
und nimmt soziale, theologische, kirchliche und
politische Tatsachen ins Visir.*

*Lust und Liebe, die großen Themen, sind
Wesenselemente der Texte. Getrennt werden sie (noch
immer) gelebt und behandelt. Die Folgen dieser
Trennung sind schmerzlich als Liebesverlust zwischen
den Geschlechtern und immer mehr zwischen Mensch
und Mensch erfahrbar, als soziale Kälte und
Abbau sozialer Errungenschaften.*

Selbstlosigkeit wird heilbar durch Selbstsein.

Es gibt kein Weltethos ohne Welteros

Sprechen über Gott
um zu begreifen
sprechen über das
was helfen heißt
und uns wäre geholfen
sprechen über Lust und Liebe
weil zusammengehört
was Gott verbunden hat.

Vater unser

Du bist Vater und Mutter
Heil ist dein Name
Glück ist dein Schöpfungsethos

Dein Reich
zum Recht für die Rechtlosen

Freiheit ist dein Wille
Gib Brot allen
das Recht der an den Rand Gedrückten
richte auf
Durchbreche das Unrecht
der herzlos Besitzenden

Vergib Schuld
dass wir Unrecht in Recht verwandeln

Dein Reich ist Liebe und Gerechtigkeit
Du bist Kraft der Ohnmacht
Du bist Herr
nicht die Herren dieser Welt

Der Geist des Herrn über dem Wasser
Herren des Geistes füllen das Schiff

Der Geist des Herrn zerbricht das Schiff

Hülsen des Geistes füllen das Schiff

Kirche liegt keine Lösung
Kirche wie gehabt keinste Lösung
Kirche neu – Lösung neu
Kirche Mysterium des Eros

Kirchenvolk ohne Macht
steh auf
gegen die Macht des Klerus
begehr endlich dein Recht
zu leben und zu lieben wie Gott es will
er allein hat recht

Kindertaufe

Morgengabe
gutgemeint doch wohlbedacht
Geschenk des Glaubens
ohne Freiheit aufgesetzt

Die große Entscheidung
für Gott oder gegen Gott
ohne Selbst und ohne Freiheit
aufgesetzt

Kindertaufe – Kinderhochzeit

Bildungselend – Elendsbildung

Bildung wird in die Wiege gelegt
hochbegabte Väter
hochbegabte Söhne
Familienglanz, Gesellschaftstanz
positive Chancen
machen positive Selbstbilder und
Fremdbilder
Erfolg ist vorprogrammiert
Erfolgserlebnisse machen Erfolgserlebnisse

Elend wird bereits in die Wiege gelegt
„wie der Vater so der Sohn“
„der Apfel fällt nicht weit vom Stamm
süchtige Väter
schlagende Mütter

Das Selbst ohne Wert
macht unwert im Auge des Nächsten
der böse Kreis schließt sich
das Elend wird neu geschmiedet
die Gesellschaft der Gebildeten
gerettet

Zölibat

Das Geschenk des Du
mir zugedacht von Anbeginn
ich weiß es besser

Dein Geschenk ist mir,
ist mich nicht wert

Ohne Bindung dir zu dienen
das allein kann dir gefallen
das Glück will ich opfern
dir gefallen ist mein Glück

Ein Beispiel ohne Beispiel!
Ein Ideal zum Ruin der Schöpfung!

Selbst

Höchstes Glück
und höchster Schmerz
Lebenssinn so tief wie weit
Therapie der tiefsten Tiefe
aller Menschen Kernproblem

Jugend heute

vergangen sind ihr Lust und Mut
ausgetrieben Sturm und Drang
und Übermut
flügellahme Ideen und Ideale

Nur Daseinskampf und Daseinsangst
die Arbeitswelt ist eisig kalt
Leistung gegen Leistung
jeder gegen jeden

Ellbogenüberlebenslehre draußen
Sinnleere drinnen

Große Liebe kleingeschrieben
nur Musikbox und schneller Sex

Die Alten bringen ihre
Schäfchen ins Trockene
nach ihnen hinterlassene
Werte ohne Wert
für verlassene Werte

Jugend heute
besser als die Besserwisser

Halbwahrheit

Die halbe Wahrheit tut nicht weh
Liebe ohne Gerechtigkeit
kein frommer Wunsch

Die halbe Menschheit
steht im Schatten
Licht das unterm Scheffel steht

Halbe Menschheit
ist halbiertes Menschsein
für alle

Verzeih!

Verzeih, dass ich verzeihe
was nicht zu verzeihen ist
verzeih, dass ich die Worte
nicht beim Schopf gepackt,
verzeih, dass ich verzeihe,
dass du weinst

Schrei mich an,
wenn ich nicht schreie,
wenn du an die Wand gedrückt wirst
reiß mich auf,
wenn ich verschlossen bleibe
anstatt zu protestieren,
weil du weinst

Ohnestreitkultur

Reden ist Silber
Schweigen ist sicher
schnell beruhigt, keine Unruhe
schnell verziehen, keiner hat Schuld
schnell zugedeckt,
Wurzelbehandlung ist zu schmerzlich
Konflikte unter den Teppich gekehrt

Zwei Welten

Ich lebe in eurer Welt
recht und schlecht
in eurer Welt geht es um Stil,
Methode, glanzvolles Wissen
das Gefäß muß glänzen
der Stil ist wichtig
glanzvoll vorgetragen ist wichtig

Kein Interesse an meiner Welt
kein Interesse an eurer Welt

Psychologie ist in
meditative Selbsterfahrung
der Renner
Gedankengebäude dienen der Erkenntnis
Theorien ordnen Menschen ein
Methoden ebnen den Weg
in ihre Welt
viele Schubladen stehen bereit

Frau

steh auf
wirf ab die Last,
die Schuld, die Mann dir angetan

steh auf
gegen Profitjäger und Muskelprotze
gegen Pornojäger und
Sektenjünger

Mann

männlich und weiblich
schwach mit den Schwachen
mach Machbares wahr,
verlaß Kirchen, die mauern
und Strukturen, die töten

Anstoß

Rollender Eckstein

Anstoß von innen
Anstoß von außen
blutig angeeckt

Anstöße verschmerzt
Steinschläge verkraftet
Kraft kommt ins Rollen
Rollender Eckstein

Religionen

Große Kirchen
kleine Geister
Wahrgebilde
wohlfahrtsselig
helfersüchtig

Brüderlichkeit für die Brüder
nichts für die Schwestern

Weltkindertag

Die Oberfläche rein und fein
darunter Schlangenbrut und Pornogier
Sexualität zum Heil bestimmt,
missbraucht um zu mißbrauchen
das Zarteste und Schwächste

Kinder leiden leise

Ersatzwelten und Ersatzgötter
ersetzen den einen Gott
Ersatzlieben ersetzen den Eros
Ersatzdogmen ersetzen die Wahrheit

Allzweck

Denkmäler
Schuldbehälter
Rituale
Allzweckentsorger
Hilfe
Allzweckreparatur
Religion
Allzweckberuhigung

Feierlich und festlich erhoben
feiern Christen „ihren" Gottesdienst
mit Bitten und Gesängen
für die Unrecht Leidenden

Feierlich das Gefühl
festlich die Stimmung im Herzen
mutig in der Tat
den Leiden der Entmutigten zu entgehen
den Schmerz der Auseinandersetzung
zu verbannen
abgesichert
im wohlstandsbehüteten
demokratisch legitimierten
unbekannten Land der Gerechtigkeit

Feierlich ums Herz
ohne Schmerz um die unter den Rädern

Unschuldige Glocken rufen
Kirchgänger folgen

Kein Problem wird zum Problem
kein Zweifel nagt und frisst
am Glauben der Alten

Kirchgänger glauben fest daran
Schwache muß es immer geben

Lust und Liebe
ganz nur ganz

Halbe Liebe
halbe Lust
Friede ohne Freude
Seligkeit unselig getrennt
Freude nur gehabt

Sinnlichkeit der größere Sinn?
Und die größere Liebe
die größere Lust!

Durchfall-Dienste

Stimmen singen Kirchenlieder
Kirchenmänner predigen für Kirchenbänke
Christen träumen ihre Kirchturmspolitik
Politiker schneiden Löcher ins soziale Netz
große Löcher für große Durchfallquoten
Durchfaller wird es immer geben
für Durchfaller gibt es die sozialen Dienste

Eine Kindheit

Kein Lärm um nichts
nur Friede Friedhofstille

Zärtlichkeit
die Zauberkraft des Wesens
das Kindheitsbrot für Ich und Selbst
nur tröpfchenweise

aller Tage Pflicht und Last
und Schimmel auf der Seele
Kirchgänge zu jeder Zeit

doch da war es,
einer Kindheit Trost
ein Du, ein Ich, ein Selbst

da war er –
geistvoll ohne Worte
zärtlich ohne Zärtlichkeit
der Retter einer Kindheit

Kultur pervers

Kinder, kunstvoll gemalt
berühmte Werke
von Zeitgenossen andachtsvoll
betrachtet

Kinder, leibhaftig
der Schöpfung schönster Morgenglanz
mit Augen aus Fragen und Lachen
unbeachtet unbetrachtet
in Nachbarsgärten unentdeckt

Kinder, kaum geboren
das Ich zerbrochen
das Selbst wertlos gemacht
chancenlos im Überlebenskampf
versetzen nicht in Aufstand und
Entsetzen
die kunstverliebten Zeitgenossen

Vom Mutterschoß aus programmiert
Elternmacht ist Schicksalsmacht
ohne Zufall chancenlos
vom Mutterschoß

Unsichtbar
nicht zu fassen
sind die Oberprogrammierer

Frauen Powerbewegung
bewegt wenig

Bewegungstourismus
totgelaufen

Die selbstlose Frau
ist selbst das Problem

Frauenrolle

Frau hat aus der Laufbahn zu rollen
häusliche Pflichten
sollen verpflichten
zu häuslichem Glück

Ohne Wunsch und Wahl
geboren und erzogen
im Land der Täterväter

Ohne Wunsch und Wahl
werden Säuglinge getauft
um nicht selbst zu denken und zu lieben
Gott und den Nächsten
um lebenslänglich zu zahlen
ohne Wunsch und Wahl

Intensivstation
Tatsachen leben

Frauen brauchen keine Macht
um machtvolle Fakten zu schaffen

Frauen die sich trauen

trauern

An der Wahrheit
fast erstickt

Die erstickte Wahrheit
kommt ans Licht

Unerträglich
erdrückend bewiesen
ausdrücklich tolerierte Toleranz
für Unterdrücker

Viele Wege

Bibeltexte
missrverständlich
historisch entfremdet
in Sakramente gegossene
kultgewordene Wahrheit

Selber fragen, selber suchen
nach dem gefühlten, geahnten
ganz Anderen
Antwort erfahren am Abgrund
gehalten und geborgen im Selbst

Ja sagen
zur fragwürdigen
verzweifelt zweifelhaften
untragbaren unerträglichen Wahrheit
Mut zur Sprache
über das Unaussprechliche

Die drei Räte

Armut scheinbar
nie arbeitslos
nie brotlos
nie obdachlos
fürstlich versorgt
durch Großvermögen und Großbesitz

Ehelosigkeit Scheinideal
Ehe ist das gottähnliche Ideal

Nächstenliebe selbstlos
ohne mitleidende selbstgewordene
Rebellion

Gehorsam gegen Obrigkeit

Ideale sind andere Lichter
durch Nacht und Not
einsame Versuche
von Frage und Antwort

Bleib so wie du bist
damit alles bleibt wie es ist
deine Schicht und dein Schicksal
unten und oben schicklich getrennt

Gefühle erheben dich
dann und wann
verklären deinen Alltag
dann und wann
mehr vertrau ihnen nicht an

Trau ihnen nicht zu
dass sie dich tragen
wenn das Eis bricht
dass sie dich wärmen
damit das Eis schmilzt

Gefühle kannst du dir nicht leisten
in der Leistungsgesellschaft
sie machen dich schwach

Wenn du schwach bist
ist sie stark
so funktioniert die Leistungsgesellschaft
deine Leistung steht auf einem
anderen Blatt

Bibel

Wenig Wahrheit
viel Legende

Wenig aber wahr
Geschenk der Bibelwissenschaft

Freier Raum und Phantasie
für die phantastische Provokation

Ohne Schuld
Gefühle konsumieren
festlich und stilvoll
gebogen die Tische

Ohne Schuldgefühle
leben
stilgetreu
die Selbstgerechten
Selbstgewissen

Ohne Taufschein
Kind Gottes

Ohne Trauschein
treu geliebt

Ohne Totenschein
lange schon tot

Männer
arbeiten schwer

Frauen
arbeiten doppelt

Männer sind die Vermögensbesitzer
Frauen verlassen mit Stolz
Haus und Hof

Kirchenmänner arbeiten
für eine Institution

Frauen ohne Berufung
fallen der Institution
in den Rücken

Kirche und Sexualität
Trauerspiel
trauriger Generationen
patriarchale Heuchelei

Diener der Kirche
sind Diener der Macht

Diener Gottes
sind Diener der Freude

Sexualität

Frohbotschaft von Anbeginn
göttliches Geschenk
zur Mit-Menschwerdung

Drohbotschaft von alters her
Politik der Angst
zur Machterhaltung
reduziert auf leere Lust

Sexualität
sinn-voll sinn-reich
im wahrsten Sinn

Einzig
Lust und Liebe
Glück und Heil
Schöpfungsprinzip
Menschheitsprojekt

Einzig der Stoff
aus dem die Träume sind
macht Wirklichkeit traumhaft

Einzig das Märchen
ist Modell
für die Wirklichkeit
des Evangeliums

Sieben heißt die Zahl des Glücks
und des Heils
für Mann und Frau

Siebenfach erstrahlt sein Wort
Unsagbares auszusagen
seines Wesens tiefen Grund
seines Bundes Wesen

Heil heißt viel mehr
Licht im Dasein
Wahrheit im Dogmendschungel
Existenzrecht für alle
Hilfe die hilft
erfüllte Verheißung
sauberes Wasser
Wahrheit der Märchen

Heil heißt
wortloser Jubel
ohne Tränen
fließen Freudenbäche
mit leeren Händen
d a n k e n

Sonntag für Sonntag
schicken sie
Fürbittgebete zum Himmel
Gott möge helfen
wenn das Unrecht sich erhebt

Sonntag für Sonntag
Bibelworte
mit modischer Musik
Theologen waschen ihre
politischen Unschuldshände
wenn das Unrecht sich erhebt

Leere Kirchenbänke
leere Pfarrhäuser
beklagen Glaubensmangel und
Opfermangel
klagen an und klagen ein
Glaubenswirklichkeit und
Glaubenswahrheit

Theatralisch
wie eh und je
mit Goldgewand und
goldner Stimm

Sonntäglich gestimmt
lieben sie es theatralisch
weise Worte
schöne Worte
sagen nichts
von Freiheit und Gerechtigkeit

Ganz beruhigt und ganz zufrieden
die „kleine Herde" immerdar

Wer trägt Schuld

Wer trägt Schuld
am Unrecht
wer hat die Sünde der Tiefe allen
Generationen gepredigt
und die Freiheit zerstört

Wer trägt Schuld
am Krieg
zwischen den Geschlechtern
wer hat das Weibliche gering geachtet

Wer trägt Schuld
an der Sex- und Besitzersucht
wer hat die Sexualität ihrer tiefsten Tiefe
beraubt und das Haben ent-schuldigt

Wer trägt Schuld
am Niedergang der Ehe
wer hat die Ehelosigkeit
als das Höchste gepriesen

Wer trägt Schuld
an der Suchtkrankheit
der Suchenden und Zukurzgekommenen

Wer trägt die große Schuld
am schwachen Ich und am kranken
Selbst

Wer hat den Eros zerstört

Botschaft

Veruntreut
hast du die Schlüssel des Himmelreiches

In den Schmutz gezogen
hast du Gottes größtes Geschenk
und Gottes beste Gabe

Gepredigt hast du Selbstlosigkeit,
die Selbst- und Heilwerdung der Tiefe
verachtet und verhindert

Vergiftet hast du die Quelle des Heils für
Mann und Frau

Die frohe Botschaft hast du den
Reichen verkündet –
die Armen wurden abgespeist

Pille und Kondom hast du verboten
statt Ehe zu leben

Den Eros hast du zerstört
ohne Hilfe für das Daseinsproblem
Nummer eins

Wenn Wandlung wahr wird
im tatsächlichen Leben

Inwendig inständig und
sehnend, schauend, ahnend
zweifelnd und vertrauend

Draußen
Aufstand
Aufruhr
Aufbegehr
alles fraglich

Familie

Unentrinnbar allen
Hölle und Heimat
Trutzburg aus Terror und
heile Welt Vision
die heißgeliebte und
verhasste Institution

Generationen strömen
unentrinnbar
glücksbesessen
zum Fluchtweg
ins höllische Drama

Unser vergangenes Jahrhundert
gezeichnet von Christentum und Patriarchat
von Holocaust und Stalingrad
von Sozialismus und Kapitalismus

Ein neues Jahrhundert
ausgezeichnet durch Frieden und
soziale Gerechtigkeit
neu nur im Zeichen der Neugeburt
des Eros der Religion

Die Ehe

sinnwidrig als Versorgungsinstitut
für Unterhalt und Sex
missbraucht
vergeht

Die neue Ehe kommt
als sinnspendende Geisteskraft
und Liebeserfüllung

Ehe ist wieder was sie ist
Gottes Herzensbund
von Gott gewollt und gestiftet

Mann und Frau

tief verwurzelt
im christ-katholischen Wesen

die für das Glück geschaffen
sind ohne Schuld entzweit
durch Kirchenvätergeschlechterkampf

die katholischen Hierarchen
haben getan was sie konnten
zur frühkindlichen Unterwerfung
von Ich und Selbst

früh verboten und vergiftet
das Glück der Liebe

früh gelobt und gepriesen
Geldeslust und Herrschaftssinn
Kult, Altardienst, Lippenrede

viele Beichtstühle machen einst
Umkehr immerwährend unmöglich

viele Psychologen machen heute
Seelenfrieden zum teuren Preis

Mann und Frau
mehr als ein Naturereignis
und lustvolles Lebenserhaltungsprinzip

die gottähnliche Schöpfung
die große gemeinsame Aufgabe

das Projekt Welt-Eros

Das Märchen von der Eva
glauben Theologen felsenfest

Maria „nur" als liebende Frau
kann nicht sein

unheilige Unfreiheit
nahm ihren Lauf

Wir glauben an das Geld
und verehren Gott

wir glauben an die Erbsünde
und machen jede Frau zur Eva

wir bauen Kirchen aus Stein
und töten Jesus immer neu

wir glauben an das Böse
und schaffen so das Böse täglich neu

Erbschuld

Mehr Wahn als Wahrheit
mehr Daseinslast als Daseinslust

Eros

Mehr als eine Verführungsgeschichte
größer als der Mythos Eva
größer Mythos Mann und Frau
Mythos der Bewährung
als Mann und Frau

Frei
wie das Gewissen

Eras frühe Fesseln
entzweien aller Paare
einzige Zweisamkeit

Einstige Fesseln
einst von uneins vereint
endlich unendlich entzweit

Maria ist der Theologen liebste Frau
solange sie erhoben und entrückt
jungfräulich nur erscheint

solange sie friedlich
thront auf dem Altar

solange sie die Kirche lässt im Dorf
und den Reichen ihren Reichtum

solange sie nicht stürzt vom Thron
die Mächtigen
und erhebt die Niedrigen

Maria singt den Gesang des Gerichts

Theologie Studium?

Sache zum Bücher karren?
Gebildete Sache für Gebildete?
Verschlusssache für eingeweihte Geweihte?

Sache aller!
Zu erfahren das Heil und
zu erkennen wer trennt!

Theologie ist einfache Rede
für einfache Menschen
eindeutige Sprache für einsame
Erfahrung

Unzweifelhaft die Theologie
der Hoffnung gegen alle Zweifel
für alle Verzweifelten

Zweifelhaft jede Theologie
ohne verzweifelte Sehnsuchtshoffnung
gegen alle Leidenserfahrung hindurch

Weibliche Theologie

Glauben an das Selbst
Berge versetzen
vertrauen dem Glück
Leid vernichten wurzeltief

Lebenslang mit 1000 Fragen
nach ihm sich herumzuschlagen

Ohne Lust auf halbes Glück
ohne Lust auf halbe Theologie
ist weibliche Theologie

Die Priesterschaft der Herrenkirche
lebt mehrheitlich
wie Mann und Frau
beispielhaft playboyhaft
sozialpolitisch abstinent

Stolz und Stütze der Hierarchie
sind die Ehelosen
die „Nichtgescheiterten“

Eingelullt und eingeschläfert
ruht das Selbst
sicherheitshalber

Ein Windstoß
ein Denkanstoß
ein Blick
ein Augenblick
wirkt wie
anstößige aufständische
Selbstgeburt

Wenn der Eros erblüht

Pfarrhäuser stehen leer
Klöster sterben aus
Kirche fällt wie ein Kartenhaus
wenn der Eros erblüht

Ehen entstehen
nur Liebende sind eins
Zärtlichkeit hat einen hohen Preis

Obdachlose haben ein Dach
Arbeitslose sind nicht die Versager

Familien atmen auf
mit Arbeit und Verdienst
gerecht geteilt
Schlüsselkinder und Straßenkinder
sind glücklich und daheim
wenn der Eros erblüht

Brot für alle
brotlos nur die Psychologen
Gottes Geist wohnt bei den Menschen
der Mensch wird dem Menschen
ein Helfer
und Jesuanismus ist der einzige Ismus
wenn der Eros neu erblüht

Zu Ende selbstlose Selbstsucht
Glanz und Gloria

Das Selbst steht auf
das ganze Selbst ist das Ende der
Selbstsucht

Eros
dein Sein
wie Nichtsein

hinabgezogen
in des Daseins Niederungen
deiner Flügel beraubt

Eros

deine Flügel erheben, beflügeln
alles Menschliche
zu schauen, zu träumen,
zu erwarten
das Sein

Eros

streckt seine Flügel
hebt sein Gesicht empor
heimgeführt ins Herz der Welt
ins All der Religionen

Gott ist Eros

Lichträtsel Gottesfrage
aller Menschen Rätselfrage

Rätsel aus Sonne und Licht

Gott ist Eros
Gott ist selbst Eros

Eros und Caritas

Lustvolle Freude
gerechtvoller Friede

vereint
die Zukunft der Zukünftigen

Eros und Caritas
feiern das Fest der Umarmung

Tiefenpsychologie

unverzichtbar unersetzlich
auf jedem Weg der Selbstwerdung

Unfassbares
Märchenhaftes
Wunderbares
glauben lehrt nur die Tiefentheologie

Keine Antwort
ist eine Antwort
die alles offen lässt
Hoffnung und Verzweiflung
unangreifbar

Schweigen ist Radikalität
mit radikalen Kindern
stolzer Dialogverzicht
verweigerte Aufklärung

Fortschritt?

Inzwischen weiß es jedes Kind
wo wir mit Hartz gelandet sind

das Fortschrittsmärchen
blind geglaubt
macht Menschen hart
macht Menschen arm

Globalisierung heißt das Zauberwort
doch längst hat sich herausgestellt
dass nur die Reichen profitieren
und Viele, Viele die verlieren

Was soll Advent und Lichtermeer
wo Menschen eiskalt kalkuliert
als Kostenfaktor abgeschrieben
abgekanzelt zum Störfaktor des Kapitals

Friedensworte Glockenklänge
wie alle Jahre wieder
und kein Problem wird zum Problem
für die ewig Gestrigen

April
von oben Sonne, Regen, Schnee

Kinder schwarz und weiß gekleidet
ziehen ein und versprechen
was zu versprechen ist zum Feiertag

Große Kinder
schwarz und weiß gekleidet
ziehen aus der Kirche aus
versprochen ist versprochen
ausgezogen wie ihr Herr
nachgefolgt nur ihm allein

Pfingsten ist wie Frühling
vatikandesillusioniert

Der Geist weht
von vatikanischen Geistern verlassen
im Alltag der Alleinerzieherin
im argwöhnisch bedauerten Arbeitslosen
im auferstandenen Aufstand
und neu zum Trotz
in der begeistert ver-rückten
desillusionierten Jüngerschaft

Wieviel Wahrheit?

Ein Körnchen?

Die halbe, die anerkannte
die profitable?

Die ganze, die erniedrigte,
die gekreuzigte?

Heute

Kein Morgen ist wie dieser,
jeder ist wie dieser –
nachtlos kommt mein Tag

Ich gehe meine Wege
der belanglosen Routine
funkenlos vergeht der einzige
heutige Tag

Kein Funke von funkenlos
ist dieses neugeborene Heute

Einsam ist mein Traum
von gläubigen Theologen
und hilfreichen Helfern
und vom Evangelium
als Modell einer neuen
Eroswirklichkeit

trotz

Soziales Analphabetentum
trotz 2000 Jahre Christentum
Kindheiten gekränkt, verletzt, zerstört
trotz flächendeckender Sozialdienste
trotz Freud und Fromm

Sozialismus
missbrauchtes Wort
trotz Schimpf und Schande
nicht ausgedient,
nicht ausradiert
nur christ-demokratisch totgesagt

Mediale Großlandschaft
unverkennbar verkommen

Samstagskrimi mit Nervenkitzel
und Verbrechensschulung

Tägliches Brot
Billigunterhaltung für Sportsüchtige
gefühlstümliche Musik

Pausenlos im Stundentakt
Tag und Nacht
Psycho-Werbung

Seltene Kost mit Seltenheitswert
sind Köstlichkeiten der Sternstunden

Mann – Religionen
haben zerstört
was allerhöchster Wille
als Heilsgeschenk
ins Herz gelegt

haben entzweit
das Innigste und Innerste
das Herz im Herz der Welt
die tiefste Einheit
Mann und Frau

haben gespalten
Glück und Heil
Lust und Liebe

Mann – Religionen
sind Haben-Religionen
aus Weltsucht und Gottsucht
ohne Erossehnsucht

Kirche macht Geschichte
machtvoll, unterwürfig, unterwerfend,
prachtvoll, prunkvoll
Besitz und Gewand herrlich weltlich
verdienstreich im Dienste
der Reichen und Mächtigen

Kirche macht Dogmengeschichte
Wahrheitsbehauptung
den Unmündigen sündendrohend
aufs Haupt gestülpt

Kirche macht Unrechtsgeschichte

Was tun?

Unbesorgt um Papst und Co.
selber fragen
selber glauben
selber denken
selber danken
beten wie er
unbesorgt um Papst und Co.

Wenn dein Traum zum Trauma wird
wenn Glück und Unglück
nah beisammen sind
wenn Gefühlskälte einzieht
wenn Lust nicht Lust sein darf
und Schuld nicht Schuld sein muß
wenn Liebesträume ausgeträumt
und Märchenland Utopia

Wenn nicht wäre
ein neuer Traum
ein neues Glück
von Gottes Gnaden
geschickt

Schwestern quälen Kinder
in „Liebe“
Brüder lieben Kinderliebe
alles unter der geistlichen Decke
ein doppeltes Spiel

kein Kinderspiel

Herrlich weitgebracht

Schule und Gesellschaft
neue Kriegsschauplätze
Kampfmittel Konkurrenz
nackte Tatsache

Computer Ersatzgott
ohne Sehnsucht nach dem anderen
und ganz anderen

Computernähe funktioniert
ohne Augenkontakt
ohne leibhaftige Erfahrung

Alle Fragen per Mausklick perfekt
erledigt
alle vorläufigen
mit nützlichem Schein einhergehenden

Alle Fragen nach dem Wesen
aller Dinge ausgeschlossen

Frauentag
international

Frauengeschichte in der Geschichte:

Von Klerikern einst
mit Spott, Verfolgung, Scheiterhaufen
als lebendiges Übel wertlos gemacht
im tiefsten Selbst tödlich getroffen
zur Untanglichkeit verurteilt

Von Gott zur Mutter allen Lebens
erhoben und erwählt

Frau erhebt ihr Selbst
wählt gottgewollte Lust und Liebe
zum Übel für die Übel

Frau schreibt international
die Geschichte des untergehenden
klerikalen Übels

Frau geht nach vorn
Dienste in Frauenhand
neue Professionalität
im Dienst am Menschen

Soziale Dienste
einst kirchenmännlich
als caritative Auftragsdienste
ins Leben gerufen

kirchenfraulich
als gesamtgesellschaftliche
Aufklärungsdienste
zu neuem Leben
politisch befreit

Familie Haben

Meine Familie, mein Alles
alles meiner Familie
Wohlstand, Ansehen, Erfolg

Familie Sein

In Beziehung
geborgen sein
frei sein
ich sein
selbst sein

Gebet

Du trägst mich sicher
über den Abgrund

Deine Hand hält mich fest
bis mein Fuß auf festem Grund

Dein Herz strömt Gnadenströme
auf Mensch und Tier und Welt

Blumenreich inszeniert
in Reih und Glied
marschieren an Fronleichnam
die Abordnungen

Fronleichnam ist das Fest
katholisch Farbe zu bekennen

Sie haben Christus
und sie tragen Christus
in Gold und Edelstein gefasst
in wehenden Gewändern

Die Reformer
der Reformen

Die Geistlichkeit hochangesehn
versagte buchstäblich und kläglich
als Leuchte und Wegweiser
für Kirche, Staat und Gesellschaft

Sorgenfrei und ungebunden
ihr selbstlos-kultverehrungs-Dasein

Schöne Worte schön gelesen
ohne Taten und Verdienste
für Kirche, Staat und Gesellschaft

Die Reformer der Reformen
kommen zum Glück
für Kirche, Staat und Gesellschaft
nur Hand in Hand
als Mann und Frau
wundersam beglückt
als Mann und Frau

Räder stehen still
auf dem Kopf
keiner kommt unter die Räder

Kinder liegen selig
in kuschelweichen Kissen

Im Rad der Geschichte
gespeicherte Geschichten
Schicht für Schicht
umgeschichtet

Unten wird oben sichtbar erscheinen
oben ist unten
geschichtlos gesichtlos geworden

Nicht Einklagbar

Klagenhaft ist die Liebe
nicht einklagbar
einklagend das Recht
des Nächsten und Schwächsten

Anklagehaft
sind die Klagelieder des Herzens

Hierarchisch gebautes
auf ewig gelobtes
ehelich und ehelos Gewähltes vergeht

Totgesagtes steht auf
inmitten der Hierarchen
mitten in unserer Mitte

Geistliches dem Namen nach
vergeht
der Geist weht wo er will

Spätes Mea Culpa

Zu spät
für Opfer und Täter
von Scheiterhaufen
von Ketzerverfolgung
von Holocaust

Zu spät
für Illusionen
für ein Mea Culpa der Reichen
für eine Kirche des Dialogs

Bischöfe pilgern nach Rom
Harmonie und Superstimmung
baut Bischöfe auf

Papier ist geduldig
Dialog und Demokratie
enden an den Pforten des Vatikans

Leiden

Schwarz sind die Gewänder
herrschaftlich ist alles –
Gebäude und Gewölbe,
Gewand und Stil

Früh und tief und voller Macht
die Seelen-Selbst-Zerstörung
die Leiden für Viele

Gunst und Ehre
genießen in Gemeinschaft
Täter und Komplizen
die kirchlichen
die staatlichen
die kapitalvergnüglichen

Schriftsteller

Schriftsteller schreiben
Zeichen der Zeit
Tatsachen, die zu denken geben

Schriftsteller tragen
ihre dünne Haut zu Markte
mit aufrechtem Gang
aufzurichten und aufzurechten

Kapital
schluckt Bildung und Kultur:

Karriere
als Lebenssinn auf Lebenszeit

Kirche und Schule
als rechte Hand
am Gängelband

Spielball Freiheit

Freier Markt
macht freie Bürger arbeitslos,
durch Gesetze interessengesteuert,
volle und leere Beutel
je nach Macht und Herkunft

Kein Gesetz schützt die Schutzlosen
vor Elternwillkür und tiefster Kränkung

Freiheit erwacht urplötzlich
zu verhindern
dass der pädagogische Eros
flächendeckend organisiert
um sich greift
und Wurzelbehandlung für alle
in die Lebenswege leitet

Lernen

Lernen erlernen
scheint das Highlight zum Glück

Lieben lernen
zur rechten Zeit
kein Thema, kein Programm
für Theologen und Psychologen

Trennen lernen
steht hoch im Kurs
als florierende Psycho-Mode-Methode

In diesen Tagen
tragen zu Grabe
Hoffnungsträger
Gedankengut
Gerechtigkeit
auf der Straße der Umverteilung

Das allerheiligste Tabu

Katholisch hausgemacht
sind seine Dramen
weltweit ungezählt
seine Täter und Opfer

Kein Mea Culpa aus heiligem Mund
Bestrafung ist die päpstliche Lösung

Nur Tadel haben die römischen Richter
auf ewig bleibt das Zölibat
das allerheiligste Tabu

Leise

Auf dem Eis der Welt
treten sie im Kreise
leise

Linkerhand das Bibelwort
rechterhand den Kelch aus Gold
feierlich
festlich
friedlich gegen jedermann

Geistreich wortreich
nichtssagend
treten sie im Kreise
leise

Christen feiern alle Jahre
Auferstehung ohne Aufstand

Osterglocken läuten alle Jahre
zum Festgesang und Seelenschmaus

Osterhasen, Ostereier kunterbunt
zum verzehren, zum verzieren
das Fest der Auferstehung ohne Aufstand

Papst
Johannes Paul II

Umjubelt, geliebt, heilig gesprochen
der Papst, der den Globus umrundete
Völker verband
Frieden predigte der Welt

Ungetan
das Tiefe
das Eigentliche

Ungetan
die Friedensbedingungen

Ungetan
die Heiligung des Eros

Hardliner bleiben hart

Keine Ehe ohne Trauschein
keinen Trauschein für die Homos

Ohne Bannstrahl aus Rom
bleibt die Vergötzung und
Verherrlichung des Geldes

Tatort katholische Kirche

– laienhaft auf den Punkt gebracht –

1. Friedfertig im Umgang mit Unrechtsstrukturen, autoritär bei Durchsetzung eigener Macht

Ohne Dialog, Demokratie, Gleichberechtigung

2. Eheverzicht, sinnwidriges Ideal mit kathastrophalen gesellschaftspolitischen Konsequenzen

Verlust der Tiefe
Verrat am Wesen der Ehe
Zerstörung der Sinnbestimmung der Sexualität
Zerstörung der Friedensbedingungen

Kein Weltethos ohne Welteros

3. Liturgie- und Sakramentendienst, entleert zu rituellen Kulthandlungen und Umrahmung lebensgeschichtlicher Anlässe

ohne glauben, fragen, auseinandersetzen und einmischen

4. Wahrheitsbehauptung für kirchl. Dogmen, Ge-
bote, Weisungen etc.

*ohne Gewissensfreiheit, Denkfreiheit,
Erkenntnisfreiheit*

5. Gezielte Selbstentfremdung und Ichschwächung
der Generationen als Folgen „christlicher Erzie-
hung"

*Verursachung psychischer Fehlentwicklungen
Verursachung fehlgeleiteter Partnerwahlen
(kausaler Zusammenhang mit Punkt 2)*

*ohne Hilfe zur Selbstwerdung und
Glücksfähigkeit als unabdingbare
Voraussetzung für Partnerwahl und Gelingen
der Ehe*

*ohne Organisation vorbeugender ursachen-
therapeutischer Hilfen insbesondere durch
politische Weichenstellung mit dem Ziel von
Chancen-Gleichheit*

6. Frühe und späte Verbündete und Helfershelferin
der politischen Rechten

*ohne Kampf für Gerechtigkeit ohne
(unrecht- und ursachenverändernde) Hilfe
für die Randgruppen der Gesellschaft
durch Aufklärung der Öffentlichkeit über
sozialwissenschaftliches Grundlagenwissen*

Eine neue Seite in der Kirchengeschichte:

Tiefentheologie

nach Moraltheologie

Sozialtheologie

nach Sozialtechnologie